ON ICE

Mi

ON ICE

über Partnerwahl

Herstellung und Verlag: Books on Demand GmbH, Norderstedt.

ISBN 3-8334-3237-3

Inhalt

I Die Wenn-dann-Suppe

Die Wenn-dann-Suppe

Das Entscheidendste zuerst:

Der Verlauf & der Ausgang

Dieser Veranstaltung hier

Wird von Mann und Frau bestimmt

Von Dir und dem

Mit dem Du zusammen bist!

Von nichts sonst.

(Egal was Du darüber denkst.)

Geh davon aus, daß Du alles, was Du über Verbindungen denkst, von einem bestimmten Hochsitz aus denkst.

Und wer kennt schon den Hochsitz, von dem aus man diesen klasse „Überblick" hat.

Es geht nicht darum, ihn zu wechseln- Du würdest Dir sowieso einen anderen suchen, nicht besser oder schlechter- also bleib sitzen.

Der Du geworden bist

Wenn Du auf dem Weg bist, etwas Über Dich/Dein Leben herauszufinden, gibt es Wahrheiten. Wahrheiten sind Dinge, die die Zeit über gelten. Es kommt uns vor, als würden sie auftauchen. Aber sie sind nirgendwo anders als immer da.

Und so ist aus Dir kein anderer geworden als der, der Du schon als Kind warst.

Und es spielt sich wirklich anders, wenn Dein Partner Dein Spiel kennt. Weil er es selbst spielt.

Diese Wahrheit kann viele Dinge, die Dir im Leben begegnet sind, klären.

Ich sage hier einige Dinge, die Dir so selbstverständlich sind, dass Du sie als solche behandelst & vergisst. Ich sage sie trotzdem und genau deshalb.

Die Zutaten in der Suppe sind Frauen & Männer. Alles basiert darauf, dass eine Frau und ein Mann sich zusammentun. Du bist hier weil es eine Beziehung einer Frau zu einem Mann gab, aus der Du entstanden bist, jeder, alle! Es gibt nicht eine Ausnahme.

Das Salz in der Suppe ist die Anziehung/Verbundenheit, genannt Liebe. Der Verstand (er-)findet einen Filter, mit dem er sich aus der Suppe <u>in frage</u> kommende Partner aussucht. Alles o.k. soweit?

Also selektierst Du einen bestimmten Personenkreis heraus & schulst Deine Wahrnehmung auf ihn. Es kommt der Moment, in dem Dir jemand gefällt. Und derjenige antwortet auch. Du findest heraus, dass er/sie lieb, nett zu Dir ist und Du findest ihn/sie gutaussehend. Wenn Du ein Mann bist hoffst Du, dass sie Dich nimmt. Wenn Du eine Frau bist versuchst Du abzuklären, ob Du ihm vertrauen kannst.

Es ist aufregend & ab einem Moment ist man zusammen. Die Liebe wirkt. Das tut sie immer und zu jeder Zeit. Nichts neues unter der Sonne.

Die Welt gehört Euch, das tut sie tatsächlich, und Ihr geht Eurem Vergnügen nach. Leidenschaft, Pläne ..Es geht aufwärts mit dem Lied „ich bin so froh, dass es dich gibt".

Irgendwann beobachtest Du etwas, was Dir nicht passt. Du bist aufmerksam & Tatsache: Es passiert wieder! „Du kannst froh sein, dass du mich hast."

Hier beginnt die Talfahrt.

Du hast Dir aus der Suppe jemanden ausgesucht, der <u>in Frage</u>

kommt. Du hast aber die Frage gar nicht gestellt, hast Dich

hineinrutschen lassen in die Sache. Hast schon Fragen gestellt.

Aber keine Antwort hat Dir etwas echt bedeutendes gesagt.

Du hast über all die Annehmlichkeiten eine Frage vergessen. Wie

solltest Du sie auch nicht vergessen- Du kennst sie nicht.

Du hast vergessen nach etwas zu fragen, nach dem Du selbst Dein

Leben ausgerichtet hast. Etwas, was Dir so selbstverständlich ist,

dass Du nicht darüber nachdenkst.

Angenehm ist es hier, behaglich lauwarm & bunt. Und das haben wir auch verdient- dass es uns gut geht. Vergnügen aller Art sind angesagt, also strampeln und schwimmen, damit der Kopf über Wasser bleibt. Empfindsam sind wir, denn es soll ja so bleiben. Auf Wenn sind wir nicht vorbereitet und das Dann gibt es einfach als Reaktion- das ist die Chemie in unserer Suppe: „Wenn du mir deine Liebe so zeigst wie ich es will, mach ich mit. Wenn nicht, lernst du mich kennen!"

Es kursiert ewiges Misstrauen (als ob es so etwas gäbe). Die Dinge sind auf Zeit angelegt und dauern genau bis zu einem bestimmten Punkt- Deinem Punkt, der Dir mit dem Anderen nicht vereinbar erscheint. Der Verstand rechnet wie wild, macht Rechnungen auf, zu, zählt Schulden und (deine) Pluspunkte, rechnet ab. Und wer Dir danach etwas schuldig bleibt ist „nicht der Richtige".

Einleitung

Wenn Dir Dein Leben wirklich etwas bedeutet, wenn Du in der Lage bist, Dich den Dingen wie sie sind hinzugeben, bereit, die Größe der Liebe in ihnen zu erkennen, lies.

Tu es mit Dir, ganz, nicht nur mit einem Teil.

Sei der bedeutendste Teil von etwas, das funktioniert.

Sei wach & lies.

Am Anfang Deiner Zeit bist Dein Einsatz im Spiel Du.

Dieses Buch geht in Wahrheit darum, in Deinem Leben anzukommen. Vor Deinem Tod.

Es geht darum, dass Du sagst, dass es Dein Leben ist. Du sagst, dass Du Dein Leben bist. Daß der Andere in Deinem Leben ist. Daß Dein Leben einen Zweck hat. Daß Du etwas über das Leben erfahren willst. Du, niemand sonst, sagt es.

Daß es Dein Ziel schon gibt, dass Deine Wunder schon warten- das ist es.

Es geht um dieses 100% bei der Sache sein. Absolut aufrichtig. Hier spielen sich die Dinge ab. <u>Du bist größer als die Wenn-dann-Suppe- also kannst Du es auch sein.</u>

Gebrauchsanweisung

Wenn Du vorhast, dieses Buch zu beurteilen, liest Du es deshalb. Ich schlage vor, es aufrichtig zu tun, klar über die allgegenwärtige, phenomenale Verbundenheit, die wir Liebe nennen.

Liebe ist nichts seltenes. Und nichts besonderes. (In diesen Sätzen wohnt das Geheimnis, dass Liebe keine Mangelware ist.) Wohl aber der, den Du wählst, Frau, und der, der gewählt wird, Mann,- selten und besonders. Ihr beide seid nichts außergewöhnliches und doch Frau & Mann- so bedeutend.

Zurück zu Dir: Sehr möglicherweise schwimmst Du in der Wenn-dann-Suppe und sei informiert: Du wirst sie zu Lebzeiten nie endgültig verlassen. Aber Du kannst größer als sie sein.

Wenn-dann ist Deine Suppe. Sie wurde Dir vorgesetzt und Du hast sofort mitgelöffelt. Vielleicht merkst Du, dass nicht auf jedem Löffel das gleiche Zeug schwimmt, oder Du schüttest XY dazu, oder machst Dir Gedanken, warum der vorige Löffel besser geschmeckt hat, oder überlegst, was oder warum Du isst.

Aber nie (oder ganz selten) ist Dir klar, dass diese Suppe nicht ohne Dich auf dem Tisch stehen würde. Ohne Dich läuft hier gar nichts.

Siehst Du etwas anderes (wenn Du nicht da bist)?

Steig ein. In der Wenn-dann-Suppe bist Du, wenn kein Mann, dann eine Frau. Stimmt`s?

Irgendwann, es kann schon ein paar Tage her sein, hast Du die Dinge geordnet indem Du Dir etwas ausgesucht hast. Du hast bestimmt, was Dir wichtig ist. Von da an hat es Dir etwas bedeutet um Deine Bedeutung zu unterstreichen. Du hast gewählt! Jetzt entspricht es Dir.

Du hast es genommen & bist damit losgelaufen- und was die Dauer angeht: Du trägst es wahrscheinlich solange Du lebst.

Gut soweit.

Damit hast Du sozusagen Deinen Schwerpunkt gesetzt. Von hier aus betrachtest Du die Welt und folgerst wie automatisch, dass sich all die anderen „klugerweise" für den selben Punkt entschieden haben. Wie schlau.

Du selbst bist Verursacher für die meisten Dinge, die in Deinem Leben nicht laufen.

Du glaubst das nicht?

Du hast Dich für etwas entschieden, was Du gar nicht kennst, von wo aus du die Anderen betrachtest als hätten sie sich für dasselbe entschieden. (huiuiui).

Die Fahnen hoch

Jeder von uns hat also eine Fahne, hält sie hoch, weiß aber nicht, was darauf steht- witzig, nicht?

Als Du sie beschriftet hast, war dir nicht so klar, was Du da machst & jetzt steht sie über dir und flattert im Wind.

Kein Problem? Es ist stockdunkel und Du rennst mit Deiner Fahne durch die Nacht und suchst nach Leuten, die lieb & nett sind und Dir gefallen. Und am dringlichsten suchst Du deine Prinzessin/ Deinen Prinzen, die/der diesem Gewühl ein Ende machen soll.

Du siehst so weit, dass Du die Anderen sehen kannst, aber Du erkennst deren Fahnen nicht. Du hättest schon ein paar mal schwören können zu wissen, wen Du vor Dir hast, aber nichts war`s. In einem Moment haben sie sich verändert.

Als ob sie das je täten!

Sie haben sich abgewendet und Deine Hoffnung durchkreuzt.

Also Wunden lecken und weiter und weiter..

Du versuchst, Dir irgendeinen Reim darauf zu machen, eine Erklärung, einen Plan, eine Technik.

Und als ob dies noch nicht genug ist- Du schwimmst vollgesaugt in der Wenn-dann-Suppe- fängst Du an zu befürchten, dass Dir die Zeit davonläuft.

Sie läuft & Deine Pläne sind so kurz, dass sie in weniger als 3 Sekunden erledigt wären: Es müsste ja nur die Prinzessin in Dein Leben treten.

Du hast etwas vergessen. So sehr, dass Du es gar nicht mehr bemerkst. Vielleicht so sehr, dass Du nicht mehr weißt, dass Du es vergessen hast:

Was auf Deiner Fahne steht.

Es hat Dich damals nicht groß interessiert und heute schon gar nicht. Du hast etwas über dich gestellt was Du nicht kennst und was dir wichtiger war als die, aus denen nichts wurde!

„Ok" denkst Du, „laß ich mich kurz nieder mit meiner Fahne, geh in mich & erforsche, wenn`s hilft".

Ok. Kannst Du machen.

Was denkst du was draufsteht? Sag.

Freiheit oder Liebe?

Ein gewandter Satz oder ein ganzes Buch?

Egal, jedenfalls etwas, was Dich als den Ehrwürdigen zeigt, der Du bist. Du kannst Dir hier tolle Dinge über Dich ausdenken- du kannst es aber auch gleich lassen: Das ist es nicht!!

Und jetzt soll ich den Beweis dafür liefern, den Beweis, weshalb ich mir so sicher bin.

Der Beweis bist Du, Dein Leben. Der Beweis ist, dass Du am ..ten Tag des ..ten Monats im Jahr.... um ..Uhr und ..Minuten die Tür zugeknallt hast als das Maß voll war für Dich und Du beschlossen hast, dass ein Leben ohne den Anderen die bessere Lösung ist.

Und hier kommt er- der entscheidende Punkt. Jetzt nicht deine Freundin/Deinen Freund damals anschauen. Nur Dich & was in diesem Moment so klar dastand: „Mit Dir werde ich nie ....haben/sein".

In diesen Platzhalter passen keine Sätze, Romane, abenteuerliche Erfindungen oder Ausreden, Entschuldigungen.

Hier gibt es keinen Spielraum. Hier ist Aufrichtigkeit. Sag es. Denn aus später kann niemals werden.

Es ist nicht angenehm.

Das ist es, was auf Deiner! Fahne steht, nichts anderes & Du kannst es drehen und wenden wie Du willst.

Gleich was es bei Dir ist, es ist irgendwie unangenehm („schwer anzunehmen"), weil es Dich so herzlos und berechnend zeigt wie es war. Es war der Grund, der Dir wichtiger war als das Zusammensein.

Kalte Sache, immer das gleiche Lied, nur nicht bemerkt.

Was auch immer es ist, es hat zum Weggehen geführt und zu nichts anderem.

Solltest Du jetzt wissen, was auf Deiner Fahne steht, sagst Du: „Ok soweit. Und was damit anfangen?".

Du hast etwas über Dich erfahren. Es ist heller geworden, so hell, dass Du Deine Fahne erkennst.

Über die Zeit I

Wenn Du Dir einigermaßen klar bist über die Zeit: Gutes Aussehen, Verliebtsein, Freundlichkeit- wie lange ist das zu halten?

Wie lange an einem Punkt, der Dir nicht passt?

Und er kommt wieder.

Am nächsten?

Er/sie sieht immer noch so aus, nur etwas älter, & Du hast vielleicht Dinge gefunden, die Dir weniger gefallen. Irgendwie reißt es dieses Äußere nicht mehr heraus (wie am Anfang). Verliebt ist weg. Du liebst ihn noch, ja, aber darüber ist all der Ärger. An Freundlichkeit ist nicht mehr zu denken unter diesen Wellen an Gemeinheit.

Wäre es nicht immens einfacher der Punkt, der Dir keinen Spielraum lässt, wäre bei Deinem Partner der selbe?

Warum?

Weil der Andere genauso gepolt ist wie Du. Weil Ihr Euch kennt. Weil Ihr Euch in diesem Punkt gleicht & dadurch Euer Grund für Weggehen nicht erfüllt ist.

Nochmal: Nett kann schon lange weg sein, verliebt hat sich verabschiedet & gut aussehen tun immer mehr andere!

Ich sage nicht, dass es immer so sein muß. Aber wenn es so kommt, was hält Euch dann zusammen?

Du hast die Wahl.

Alles andere kommt so weit dahinter.

II

Nochmal & noch einfacher: Würde sympathisch, gutaussehend und verliebt ausreichen, Bestand haben, wäre nicht ein Paar das sich so zusammengetan hat je auseinandergegangen.

Dieser Punkt, wenn Ihr nicht denselben habt, kommt auf dich zu & sagt: „Mit dieser Frau/diesem Mann wirst Du mich nie bekommen". Ihr habt dann wahrscheinlich keinen Schiedsrichter, der sagen könnte, wer recht hat. Und selbst wenn- was würde es Euch nützen?

Die Wahrheit ist: Ihr seid zu zweit. Und die Stunde kann kommen, in der Du Dich alleine findest, so, als ob Du den Anderen gar nicht kennst- ja, nie gekannt hast. Und Du wirst dann frustriert sein.

Die Dinge, die das Leben bringt, kannst Du nicht kennen. Brauchst Du auch nicht. Den aber zu kennen, mit dem Du zusammen bist, würde die Sache wirklich einfacher machen.

Sie/er hat dir den vollen Film verpaßt. Du sagst 100%ig ja. Dein Herz ist entflammt. Du weißt was Du willst, bist erregt und sagst: „Meine Güte bist du hübsch". Bevor Du Gas gibst, und das wird so sein (Du willst es ja), klärst Du kurz ab, ob derjenige auch zur Verfügung steht.

Diese <u>erste Frage</u> muß schon sein. Wenn Du sie auslässt, können unangenehmere folgen.

So, jetzt bist Du fertig & es geht los. Es läuft so und dieses Buch wird nichts daran ändern, wenn Du es nicht tust: Du wirst die <u>2. Frage</u> nicht stellen, weil Du Dir „sicher" bist, dass er/sie der Richtige ist.

Auch wenn diese Frage die bedeutendste ist, die Du für Dein Leben stellen kannst- Du findest sie unangenehm, überflüssig, unangebracht und den Zeitpunkt ungünstig.

Du hast recht, wenn es darum geht Romantik, Nähe, diese neue Welt möglichst schnell zu verwirklichen.

Was ist, wenn es darum geht, die Sache einfacher zu machen! Wer will schon einfach?

Seltsam: Bei jedem Streit, jeder Scheidung, allem was uns nicht annehmlich erscheint, wünschen wir uns Einfachheit. Und im Moment der Partnerwahl lassen wir sie außer acht.

Du bist weiterhin unachtsam.

Wenn Du Dir nicht im Klaren über Dich bist und über den, mit dem Du zusammen bist über den Punkt, von dem aus er/sie alles um sich betrachtet, ist die Wahrscheinlichkeit hoch, dass Du weder weißt, wo der Andere gerade ist, noch was er spielt.

Die menschliche Voraussetzung bei jemand zu bleiben, der einem „fremd" scheint, ist nicht besonders entwickelt (fordert Größe).

Nimm die Abkürzung & frag.

Oder laß es- es bleibt bei Dir.

Was auf Deiner Fahne steht

Du transportierst es über Deine Zeit. Du brauchst Dich nicht anzustrengen, es ist mit Dir. Es ist entstanden in einem Moment der Empfindlichkeit, als Du etwas abgelehnt hast und für Dich etwas „besseres" gewählt.

Du hast es abgelehnt:

(Dies ist kein Katalog. Du hast schon gewählt.) *Die Folgen aus diesen Entscheidungen stehen nach dem Pfeil. Sie sind die möglichen Inschriften auf Fahnen.*

Daß das, was um Dich herum vorgeht, die Wahrheit ist.> *die Lüge*

Daß Du Deine Lust nicht leben darfst.> *Deine Lust*

Daß der Andere seine Lust nicht lebt.> *seine Lust*

Daß Du nicht so bleiben darfst wie du bist.> *Unveränderlichkeit*

Daß Deine Familie nicht zusammenhält.> *Familie*

Daß Dir keiner hilft.> *Unterstützung*

Daß die Leute nicht liebevoll mit Dir umgehen.> *Kommunikation(liebevoll)*

Daß Deine Taten erfolglos sind.> *Erfolg*

Daß nicht alles aus Spaß besteht.> *Spaß*

Daß sich nicht alles sofort zum Guten Wandelt.> *Abheben*

Dass es keinen freieren Sex gibt.> *Sex*

Daß jemand mit Dir mithalten kann.> *besser sein*

Daß Du alleine bist.> *Sicherheit*

Daß Dich etwas vom leben trennt.> *Einheit*

.

.

Es gibt (weil möglich) noch andere. Auch wenn Dir einige davon bekannt vorkommen- Du hast dich für eine entschieden. Um sie zu erkennen, brauchst Du nicht nachzudenken. Welche Überschrift steht auf dem Schlußstrich, den Du gezogen hast, als das Maß voll war:

„Mit Dir wird ich nie ------------------ haben."

Und es fehlt in diesem Platzhalter kein Roman, keine Erklärung. Es fehlt überhaupt nichts. Es ist ausgefüllt mit was auf Deiner Fahne steht. Es ist ausgefüllt mit was Du nicht zu bekommen scheinst.

Wenn Du diese Information über Dich hast, kannst Du damit leben.

Wenn Du einen Partner wählst, der dasselbe gewählt hat, gleicht Ihr Euch in einem Punkt, in Eurer Ausrichtung. Und wer würde nicht im Sturm auf bekannte Wege zurückkehren.

Und Du hast schon gewählt.

Frau, such Dir einen tollen Typ & Du brauchst wirklich nicht darüber nachzudenken. Aber sei dir klar, weshalb Du in früheren Beziehungen gegangen bist.

Und frag ihn, weshalb er frühere Beziehungen beendet hat.

Es ist der Punkt, an dem Du nicht weiter wolltest, Mann. Also frag sie.

Nochmal: Was ist aus den Beziehungen geworden, die anfangs so fantastisch waren? Mit der/dem, mit dem Du ewig zusammen sein wolltest? Wo Worte unendlicher Zärtlichkeit geflossen sind?

Oder hast Du etwas bemerkt, damals- einen Rest von Zweifel, ein Wundern über Dich selbst, ein Gefühl von „ich spiele das nur"?

Du kannst Jahre verbringen, Dir oder anderen etwas anderes zu erklären. Was aber eine andere Voraussetzung hat ist, Dir das auszusuchen, Frau, was Du selbst auf Deiner Fahne hast.

Weil es verbindet! Mehr als Schwüre, Versprechen und dieser Kram. Und es ist Kram!

Du brauchst über den, mit dem Du zusammen bist, nicht nachzudenken. Alles worauf Du kommst ist er nicht. Aber er ist sicher das, was auf seiner Fahne steht.

Und er kann mehr sein, wenn Du es sagst. (Dazu später.)

Frau, Du kannst eine Menge Zeit darauf verwenden, ihn so zu „ändern" wie Du es möchtest & dieses Buch jetzt zuschlagen.

Du wirst es vielleicht wieder öffnen, genau dann, wenn das nicht funktioniert hat und Du Dich an es erinnerst. (Hello- you are welcome, anytime.)

Mann, Du kannst Gezeiten damit verbringen die Prinzessin zu suchen, die Du am Anfang gesehen hast..- Und dieses Buch weiterlesen, wenn Du vergebens gesucht hast.

Ihr beide seid weder noch. Aber Ihr lebt & habt so viel zu zeigen, dass Euer Leben nicht ausreicht, das alles zu beobachten!

Die Wenn-dann-Suppe ist alt und zäh. Was, wenn sie in einen Ozean geleert wird der So-ist-es heißt? In diesem Ozean bist Du & Du kannst wachsen.

Mann, wenn Du in den Augen Deiner Frau zuhause sein willst, beherzige das. Wenn es Dir egal ist, gut. Dann brauchst du das letzte Kapitel nicht zu lesen. Ich kenne noch keinen, der in seinem Innersten nicht zuhause sein will. Aber wenn Du der Erste bist- nichts dagegen.

Frau, wenn Du wirklich sehen willst wie er ist, wirst Du Dummheiten & Lächerliches durchschauen und seine wahre Arbeit erkennen- er tut einiges für Dich!

Bleib bei ihm. Ihr seid Euch in der Zeit näher: Eure Kinder haben eigene „Aufträge". Ihr habt die Wahl, da zu bleiben & dieses Leben

in Verbundenheit am Ursprung Eurer Beziehung, Eurer Freude &
Anziehung, aufrichtig und bis zum Erlöschen zu haben.

Angst vor Langeweile?

Langeweile ist absolut das Beste, was Dir passieren kann. Sie ist
davor & danach bist Du größer. Ohne Langeweile wärst Du nie
darauf gekommen, Dich zu beobachten.

Wo „mit", „so ist er/sie", „das ist mein Leben" und „egal" ist, ist
ein waches, wachsendes, aufrichtiges Sein!

Wenn Du niemand in Deinem Bett hast ist das kein so großes Übel- nicht haben ist mit klar werden enger verwandt als etwas haben. Sei Dir im Klaren.

Außerdem wird Dein innerer Auftrag dich, immer wenn Du keinen Partner hast, einen suchen lassen- Du brauchst nichts hinzuzusteuern. Männer sind angewiesener auf Frauen als umgekehrt, aber die Sache wird emotional umgedreht.

Wer nominiert wird hat etwas mit Deiner Fahne zu tun, denkst Du, wird aber wahrscheinlich nicht so sein. Aber wir sind neugierig und aufgeregt- Volldampf(unter Herzklopfen) voraus geht es ab bis die erste Weiche kommt und wir auseinanderdrifften „wie es extremer nicht sein könnte" & nur noch betroffen(unter Herzklopfen) zurückschauen. Dann geht es eine Weile mit dem Gefühl, Ballast zu schleppen, hinterherzulaufen, zu kurz zu kommen oder sich nicht zu kennen weiter. Alles scheint sich verwandelt zu haben in Richtung Tod dessen, was einst so sprühend da war.

„Normale Abnutzungserscheinung, alles schon bekannt, älter geworden, Form verändert.." Und keinen Vertrag, dass das nicht so sein darf.

Die eigentliche Schwierigkeit aber scheint, dass uns nichts „zurückholt". Sogar Erinnerungen tun weh, machen alles noch

„schlimmer", weil sie nicht reanimierbar sind- sie wirken mit einem Mal künstlich, tot.

Es holt Euch nichts mehr zurück, als wenn es bei ihm und Dir das Gleiche ist. Denn genau dort trefft Ihr Euch. Wenn es nicht das Gleiche ist, war es das auch nie und wird es, soweit man sieht, nicht werden. „Es" bestimmt Richtung, Denken und Ziel. In diesem Moment und über die Zeit. Gleich ist gleich. Anders ist nicht gleich.

Du bist so vorgegangen: Das Wunder, Ereignis, Schicksal müsste von außen kommen, Dich wie ein Blitz treffen (tut es öfter) und erlösen/retten. Das tut es nicht! Schade, aber die anderen 99% machen es auch so.

Du hast nichts unternommen, Deine zweite Hälfte zu kennen- zu bestimmen. Du hast was Du für Dich ausgesucht hast nicht (wieder) im Aussuchen Deines Liebsten verwendest.

„Das garantiert mir noch nicht den Bestand unseres Zusammenseins" kannst du jetzt sagen. Genau. Das tut es nicht. Am Anfang und am Ende liegt es an Dir. Und Zwischendurch auch.

Wie am Rande kannst Du jetzt bemerken, daß es um Dich geht. Um Dich und denjenigen welchen, denn Ihr seid wirklich von Bedeutung.

Und wenn Du mit jemand zusammen bist und Ihr nicht dasselbe auf Eurer Flagge habt, was dann? Nichts. Es ist alles gut & Ihr habt eine ausgezeichnete Möglichkeit. Es ist die Gelegenheit, Größe zu zeigen, mehr als üblich zu sein. Dies führt zu einem Satz, den ich „Du bist mein Mann/meine Frau" nenne.

Außer diesem kenne ich keinen, der Euch mehr verbindet. Du kannst davon ausgehen, dass auch ich meine Erfahrungen gemacht hab und nicht ein Satz hier ist, ohne dass er gelebt/erlebt wurde. Beziehungen haben etwas praktisches, witziges, und die Gegenspieler davon. Sie sind reduziert Beweis, dass es Dich gibt. Also beweis Dich. Sie sind auf Dauer weniger der Ort, wo Deine Phantasie wie auf Abruf umgesetzt wird. Aber alles hat seinen Platz.

Wenn ich sage Du hast gewählt & nichts ändert sich, protestiere wenn Dir danach ist, oder genieße, dass „nichts ändert sich" etwas ist, wovon man ausgehen kann, damit leben, oder wie Du es nennen willst. Worte, die in Beziehungen mehr wirken als Aufzählungen, sind „egal/gleichgültig" und das Synonym „nicht nachdenken". Worte, die dich nicht in`s Unglück stürzen.

(Allerdings nicht als nicht beachten gemeint.) Es geht darum, Unempfindlicher zu werden an einem Ort, wo Du Deine tiefen Empfindungen zeigen wolltest, witzig, nicht.

Die Wenn-dann-Suppe wird weiterhin stattfinden, ohne Zweifel. Sie ist, warum alles mehr eine Abfolge von Konsequenzen, stetiges reagieren, als alles andere ist was sein kann!

Dieses Buch ist für Dich. Denn nichts wird so bestimmend sein wie Deine Zufriedenheit. Sie ist der Spiegel, der sie auf andere reflektiert.

Ok?

Um den Block

Hast Du bemerkt, dass sich Dinge in Bezug auf andere

wiederholen?

Das ist von Dir: Deine Fahne macht sich bemerkbar.

Und es ändert sich nichts.

Deine Fahne ist etwas, für das Du Dich entschieden hast. Sie ist nicht die Wahrheit, doch sie ist etwas, von wo aus Du denkst Wahrheit zu sehen.

Die Wahrheit aber schließt das Kennen deiner Fahne mit ein.

Wahrheit ist mehr als Worte, sie ist alles. Dennoch ist es einfacher mit Worten über Wahrheit zu reden.

Sie funktioniert & ist nichts Neues. Sie ist. Und zeigt sich in allem. Liebe ist Schlüssel/Zugang und Weg in den riesigen, unbekannten Teil von Wahrheit. Du kannst erfreut sein darüber.

Anhang

Der eigene Gegner- das duale System

Ein automatisches Spiel, eine Konstruktion dessen, was Du nicht in
Deinem Leben zu haben denkst.
Du hast auch etwas unternommen, gegenseitiges zu Deiner Fahne
in Deinem Leben zu haben.

II Alles & nichts

Wenn Du Dir Informationen kaufen könntest, die dein Leben anders machen. Wenn du irgendwie dahinter kommen könntest, was hier los ist, was sich hier abspielt. Etwas auftun, mit dem sich Dein Dasein bestätigt, ganz. In dem Du zu Dir kommst & sagen kannst: „Ja, das trage ich in mir und es soll von mir ausgehen". Wenn Du mit demjenigen sein könntest, der sich Dir bietet & Dir etwas bieten.

Was so ist wie es ist, ist wahr. Es funktioniert, ob Du es analysierst oder nicht, ablehnst oder annimmst, ob Du es bemerkt hast oder nicht. Es ist da, gewesen & wird sein.

Also schlage ich vor, es zu bemerken.

Es beginnt mit dass Du hier bist, Deinem Dasein.

Du kannst diese Mitteilungen testen, konsumieren, vergessen. Ich schlage vor, sie zu lassen.

Es ist Zeit.

Was nicht so ist

Du gehst davon aus, dass alle dasselbe auf Ihrer Fahne haben wie Du. Auch wenn Du nicht weißt, was auf Deiner steht. – So selbstverständlich, dass Du nicht darauf kommst, es könnte anders sein.

Deine Fahne ist genau. Sie kennt keine Verwandte.

Bestimmt hast Du schon einige Erfahrungen gemacht: Daß aus anderen nicht herauszuholen ist, was Du herausholen wolltest.. dass es irgendwie nicht nach Deinem Willen oder Wünschen geht.. Du hast mit einer Vorstellung gearbeitet und mit einer anderen zu tun gehabt. Und warst dann noch erstaunt/enttäuscht, dass es nicht funktioniert hat. Witzig.

Wenn Dir jetzt Erinnerungen durch den Kopf laufen über diese Dinge, laß sie laufen. Möglicherweise sind es Beziehungen & was dir daran „gefehlt" hat.

Wo es ist

Wenn es darum geht, den Ursprung Deines Erlebens zu finden- wo würdest Du suchen? In Anderen, die dies und jenes in Dir auslösen? In der Natur, die Dich anregt, beruhigt, aufrührt, auflöst? In Deinen Sachen, die Dir gefallen oder auch nicht? In Musik? Malerei? In Deinen Eltern? In was Dir passiert ist? (Ein deutliches Wort: Es hat Dich passiert.) In den Verstorbenen? Dem, was sie Dir mitgeben? In Richtungen? (Ideale, Idole, Theorien.) In allem zusammen?

In all dem liegt der Ursprung Deines Erlebens nicht- einfach nicht! Diese Dinge sind. Und sie sind ob Du bist oder nicht.

Die Antwort ist: Du. Du, nur Du bist es- egal was Du darüber denkst. Es ist Dein Erleben, Dein Hiersein. Hier kommst Du. Noch vor der Art, wie Du es gestaltest. Du lebst solange Du das tust & bist Ursprung Deines Erlebens.

Du bist es, der....

Wach

Wach ist: In Deiner Zeit leben. Und in Deiner Zeit leben kommt durch Dich hinein begeben, hingeben.

Du bist ein Mensch, eine Frau oder ein Mann. Du kannst wählen, Dich dem hinzugeben & in Deiner Zeit zu leben oder nicht. Wach zu sein oder nicht.

Sehen

Wir sind wirklich sehr beschäftigt damit, Geld und Dinge ranzuschaffen. Es ist das alte Wettrennen. Darüber übersehen wir vieles. Aber zuallererst übersiehst Du Dich. Es ist, als habe Dich irgendwas festgelegt- als großen Nehmer.

In Ordnung. Dieses Buch ist eine Ordnung, eine Form. Und der Ordnung halber sage ich, dass ich vermute, dass Du auch ein großer Geber bist. Und Du bist so, weil du der Liebe in Dir Ausdruck verschaffen willst. Ich vermute auch, dass ein großer Teil der Dinge, die Du tust, für andere sind. Auch wenn sie für Dich sind.

Sehen ist, was ist. Nicht das, was einem Blinden fehlt. Sehen durchdringt, dass etwas zu fehlen scheint.

Du bist Beweis dafür.

Aufrichtigkeit

Sehen kann verwirren- Deiner herkömmlichen Reaktion
(Ablehnung) zuvorkommen, sie ausbremsen. Wenn Du
dabeibleibst, wirst Du bemerken, dass es klüger ist, die andere
Person von ihrem Hochsitz aus zu sehen als von Deinem.

Es erleichtert die Dinge ungemein.

Und es fordert Dich!

Die Ursache

Wenn Du dich erinnerst an diesen Moment, in dem die Liebe den ganzen Raum ausgeleuchtet hat und alles wie in Zeitlupe ablief.

Alles glück der Welt war da. Ganz ruhig, gewaltig & magisch.

Der Moment großer Freude & Anziehung.

Sie sind der wahre Beginn, die Ursache in Liebesbeziehungen. Wie wär`s immer nah an der Ursache von dem zu leben, was dich einst so erfüllt hat!

Es folgte die Aufregung, der Auftrag in der Nähe dieser Person sein zu wollen, sie in deiner Nähe haben zu wollen.

Dann begannen Phantasien über den Anderen und die Untersuchung dessen, was wahr daran ist. Dabei kommt immer eine Frau/ein Mann heraus!

Es gibt nichts tragenderes, nichts fruchtbareres, als die Ursache. Es geht nichts darüber hinaus.

Wer nicht für mich ist, ist gegen mich

Nichts ist falsch daran, außer, dass es kurzsichtig ist. Was kann jemand zu dir beitragen, wenn er für eine andere Sache steht? Was aber kann jemand zu Dir beitragen, wenn er für dieselbe Sache steht?

Übrigens: Dein Leben ist funktionsfähig. Auch wenn keiner beitragen würde & niemand gegen dich wäre.

Und keine Angst: Es ist schon so, dass alle beitragen. Du wirst sehen.

Über die Zeit & über was Du weißt

Du kannst Dir darüber im Klaren sein was über die Zeit besteht. Ich meine nicht, was Du darüber denkst- ich meine was Du darüber weißt. Du weißt es einfach. Wenn nichts in Deinem Leben ist was die Zeit besteht, warte, sei wach und es wird schneller da sein als wenn Du die Zeit mit was nicht besteht füllst. Die Wahrscheinlichkeit ist groß, darüber (Zeitfüllen per nachdenken) in einen Traum zu fallen. Ich sage es hier. Und die ganze Zeit.

Woher Du kommst

Von Deinen Eltern, klar, die von Deinen Großeltern kommen. Du kommst aus gewaltig vielen Generationen, die alle! so lange überlebt haben, dass Du da sein kannst.

Woher wird also bestimmt, was draußen & drinnen abläuft?

Vom Überleben. Dieser Auftrag beschäftigt uns permanent, so dass wir ihn nicht mehr beachten. Jetzt wo Du es weißt, wirst Du es in vielem sehen.

Neugier hat uns hierher gebracht- wir wollen etwas herausfinden. Haben Dinge entdeckt und transportiert (uns gemerkt & weitergetragen + gegeben – also eine Sprache entwickelt, die weitergeben bedeutend einfacher macht).

Was das mit Beziehungen zu tun hat?

Die Frau & Mann Beziehung ist die ursprüngliche Überlebensform und wird sie bleiben! Alles andere daneben ist ohne Bestand.

Widmen wir uns also der Frau-Mann-Beziehung- der mit Abstand bedeutendsten Angelegenheit.

Hier kommt sie: Die Liebe

Liebe hört nicht bei Dir auf- für Dich beginnt sie dort. Ihre Mathematik ist: Mit Ihrer Teilung verdoppelt sie sich (mindestens). Wenn Du sie ganz aufnehmen könntest, würde sie wie ein gewaltiger Sturm alles durchdringen. Unabhängig davon, ob die Sonne zu sehen ist oder du gute Laune hast.

Sie ist so und wartet alle Zeit darauf, dass Du sie bemerkst. Das ist alles!

Und alles bietet uns nichts, den Grund auf dem alles spielt was hier so abgeht.

III Warten auf Wunder

In diesem Buch geht es um Partnerwahl. Eigentlich müsste hier nichts stehen. Du wartest einfach. Während Du wartest kannst Du eine Person beschreiben. Und wenn Du das tust, kannst Du das auch präzise tun.

Vergiß nicht, was auf ihrer/seiner Fahne stehen soll& dann Warte einfach ab während Du lebst.

Eines Tages wird eine Person auftauchen.

Frag sie!

Auch Wunder haben ihren Ursprung in Dir- Du kannst da sein, sie zu sehen.

Das ist das Wunder mit dem alles anfängt. Gib ihnen Raum zu sein, werde größer, und warte ab.

Eltern

Fang am besten mit Deinen Eltern an. Womöglich betreibst Du da etwas, was nicht funktioniert indem Du auf die Anerkennung lauerst, die Du zu verdienen glaubst.

Mach es genau umgekehrt. Laß sie so wie sie sind. Sie haben dafür gearbeitet, dass Du bis hierher gekommen bist.

Laß sie & warte.

Eines Tages wird eine Person da sein. Du hast sie gefunden &
gewählt, was nicht das Gleiche ist. Wahl ist nur wenn Du sie
gefragt hast.

Die Wunder, die sich einstellen, könnten so heißen:

I Ich habe Dich gefunden & gewählt

II Ich bin wegen Dir hier

III Ich stehe mit meinem Leben für unsere Liebe

IV Ich bin angekommen

Diese Sätze werden sich nicht auf einmal einstellen. Sie werden
wahr, wenn sie es werden. (Es geht nicht darum, sich Dinge
einzureden.) Du wirst bemerken, wann sie ganz da sind.

Du kannst sie im Voraus registrieren. Du wirst bemerken, wenn sie
da sind.

Die Wahl

Du hast die Wahl! Es gibt immer zwei Wege: Du gehst einen Weg oder Du gehst ihn nicht und bist auf einem anderen.

Du kannst so groß sein, anderen die Wahl zu lassen.

Möglich, dass Du bemerkst wie klug es ist, viele Wege nicht zu gehen.

Die Wahl ist erst mit dem Tod abgeschlossen- also wähle solange Du lebst.

Jetzt

Wenn ist später, morgen, übermorgen, womöglich nie.

& dann ist hinterher.

Du stellst Bedingungen an das Leben. Laß es. Laß Dich und den anderen sein. & beobachte.

IV Angekommen (zuhause)

Angekommen ist, was Du erschaffst.